BEI GRIN MACHT SICH IHR WISSEN BEZAHLT

- Wir veröffentlichen Ihre Hausarbeit, Bachelor- und Masterarbeit

- Ihr eigenes eBook und Buch - weltweit in allen wichtigen Shops

- Verdienen Sie an jedem Verkauf

Jetzt bei www.GRIN.com hochladen und kostenlos publizieren

Heiko Ennen

Business-Intelligence - Eine Übersicht über Systeme, Methoden und Leistungsmerkmale

GRIN Verlag

Bibliografische Information der Deutschen Nationalbibliothek:

Die Deutsche Bibliothek verzeichnet diese Publikation in der Deutschen National-
bibliografie; detaillierte bibliografische Daten sind im Internet über http://dnb.d-
nb.de/ abrufbar.

Impressum:

Copyright © 2008 GRIN Verlag GmbH
Druck und Bindung: Books on Demand GmbH, Norderstedt Germany
ISBN: 978-3-638-95536-2

Dieses Buch bei GRIN:

http://www.grin.com/de/e-book/93769/business-intelligence-eine-uebersicht-ueber-
systeme-methoden-und-leistungsmerkmale

GRIN - Your knowledge has value

Der GRIN Verlag publiziert seit 1998 wissenschaftliche Arbeiten von Studenten, Hochschullehrern und anderen Akademikern als eBook und gedrucktes Buch. Die Verlagswebsite www.grin.com ist die ideale Plattform zur Veröffentlichung von Hausarbeiten, Abschlussarbeiten, wissenschaftlichen Aufsätzen, Dissertationen und Fachbüchern.

Besuchen Sie uns im Internet:

http://www.grin.com/

http://www.facebook.com/grincom

http://www.twitter.com/grin_com

Seminararbeit

Business Intelligence (BIN01)

Thema:

Business-Intelligence –
Eine Übersicht über Systeme,
Methoden und Leistungsmerkmale

Seminararbeit an der staatlich anerkannten Fachhochschule Pinneberg der AKAD. Die Privat-Hochschulen.

Heiko Ennen

Bielefeld, 26.06.2008

Inhaltsverzeichnis

Abbildungsverzeichnis

1. Einleitung

1.1. Problemstellung heutiger Unternehmen

Unternehmen stehen heutzutage eine Fülle von Informationen zur Verfügung. Der Umgang mit Daten ist dabei nicht mehr nur ein taktisches Instrument, sondern ein Teil der Differenzierungsstrategie geworden.[1] Die heutige Ausweitung und Beschleunigung des Unternehmens- und des Wettbewerbsumfeldes erfordern umfangreichere und verfeinerte Reportingmöglichkeiten.[2]

Durch die Ausweitung des Unternehmens- und des Wettbewerbsumfeldes entstehen immer neue Informationen, die in die strategischen Ententscheidungen mit einbezogen werden müssen. Auf Grund der Datenfülle ist eine Verdichtung diese Daten erforderlich. Oftmals ist dem Prozess der Verdichtung der Prozess der Zusammenführung der unterschiedlichen Daten vorangestellt. Denn jeder Unternehmensbereich produziert Daten, die teilweise redundant und unterschiedlich aktuell sind.

Daten gibt es also im Überfluss. Die Herausforderung besteht dagegen in der Analyse der Daten. Ohne eine fundierte Analyse kann das Unternehmen keinen Nutzen aus seinen Daten ziehen. Damit steigt die Gefahr, dass auf Grund der Datenfülle wichtige Informationen übersehen und so Wissen nicht genutzt werden.[3]

Daten können demnach als kritische Ressource im Wettbewerb angesehen werden.[4] Die Art und Weise, wie die einzelnen Mitarbeiter Daten nutzen kann zu einem Schlüsselfaktor für den Erfolg des Unternehmens werden.[5]

1.2. Begriffsabgrenzung

1.2.1. Daten

Einleitend wurden bereits die Schlagwörter Daten, Information und Wissen genannt, ohne sie vorab zu definieren. Oftmals werden diese Begriffe als Synonym

---

[1] Vgl. Twardoch (2002).
[2] Vgl. Zimmermann (2008).
[3] Vgl. Schmiedeberg (2004).
[4] Vgl. Seufert (2006), S. 7.
[5] Vgl. O.V. (2008a).

gebraucht, was sich nach der folgenden Abgrenzung als falsch herausstellen wird.

Daten sind nach DIN 44300 als neutrale Zahlen, Werte und Fakten, die maschinell verarbeitet werden können, definiert. Dabei liegen Daten entweder in strukturierter oder unstrukturierter Form vor. Daten stellen den kleinsten Baustein des Wissens dar.[6]

1.2.2. Informationen

Informationen sind im Vergleich zu den Daten bereits zweckorientiertes Wissen.[7] Sie entstehen, wenn den Daten Bedeutung zukommt. Informationen sind erkennbar und lassen sich am Grad ihrer Aktualität unterscheiden.[8]

1.2.3. Wissen

Wissen schließlich ist an den Menschen gebunden. Dabei unterscheidet man Wissen in

- explizites Wissen: alles was als dokumentiertes Wissen in Formeln, Diagrammen, Datenbanken, usw. vorliegt, sowie
- implizites Wissen: Erfahrungen und Fertigkeiten von Mitarbeitern.

Den Zusammenhang zwischen Daten, Information und Wissen soll nachfolgende Grafik nochmals deutlich machen:

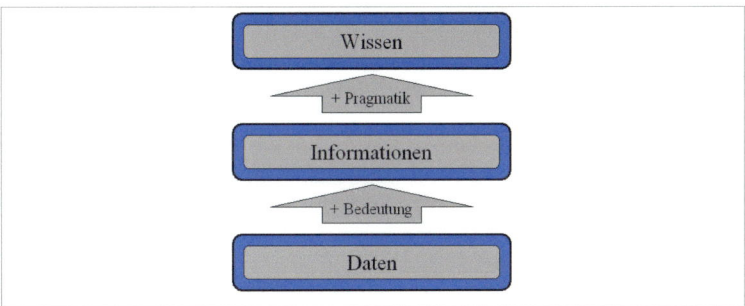

Abbildung 1: Abgrenzung zwischen Daten, Information und Wissen in Anlehnung an Kemper (2006): S. 127

---

[6] Vgl. Schmiedeberg (2004).
[7] Vgl. Schmiedeberg (2004).
[8] Vgl. Seufert (2006), S. 5.

2. Business Intelligence (BI)

2.1. Definition

Business Intelligence kann als die Sammlung, Auswertung und Darstellung aller in einem Unternehmen vorhandenen Geschäftsdaten gesehen werden.[9] Business Intelligence ist ein integrativer Gesamtansatz. Dabei werden Strategien, Prozesse und Technologien integriert, um aus heterogenen Unternehmens-, Markt- und Wettbewerbsdaten erfolgswirksames Wissen zu erzeugen.[10] Der Transformationsprozess von Daten in entscheidungsrelevantes Wissen entsteht, wenn Business Intelligence Systeme die Daten operativer Systeme und externer Anbieter integriert und in Informationen transformiert. Diese Informationen werden durch die Analyse der Anwender in Wissen umgewandelt.[11]

BI ist jedoch kein neues Konzept, sondern vielmehr eine begriffliche Klammer, die eine Vielzahl von unterschiedlichen Ansätzen zur Analyse geschäftsrelevanter Daten zu verbündeln versucht. Dieses Begriffgebilde hat sich in den letzten Jahren als fester Bestandteil der IT-Landschaft etablieren können.[12]

2.2. Ziele

Übergeordnetes Ziel von Business Intelligence ist es allen Entscheidungsträgern auf sämtlichen Unternehmensebenen des Top, Middle und Lower Managements, Information zur Verfügung zu stellen. Dabei handelt es sich um jene Informationen, die benötigt werden, um eine möglichst schnelle und qualitativ hohe Entscheidung treffen zu können. Als Ergebnis soll dadurch der Unternehmenserfolg gesteigert werden.[13]

Dem Management werden also Informationen bereit gestellt, die unternehmenswichtige Entscheidungen erleichtern.[14]

---

[9] Vgl. Zimmermann (2008).
[10] Vgl. Seufert (2006), S.14ff.
[11] Vgl. Wolf (2004).
[12] Vgl. Gluchowski (2001).
[13] Vgl. O.V. (2008a).
[14] Vgl. Zimmermann (2008).

2.3. Architektur/Framework

Das zugrundeliegende Business Intelligence Framework dient als Referenzmodell für individuelle Implementierung von BI-Systemen. Es besteht aus drei Ebenen:[15]

- Datenbereitstellung
- Datenmodellierung
- Informationsgenerierung

Die folgende Grafik dient dazu das Zusammenspiel der einzelnen Ebenen untereinander aufzuzeigen und soll so als Orientierungsrahmen für die nächsten Kapitel dienen:

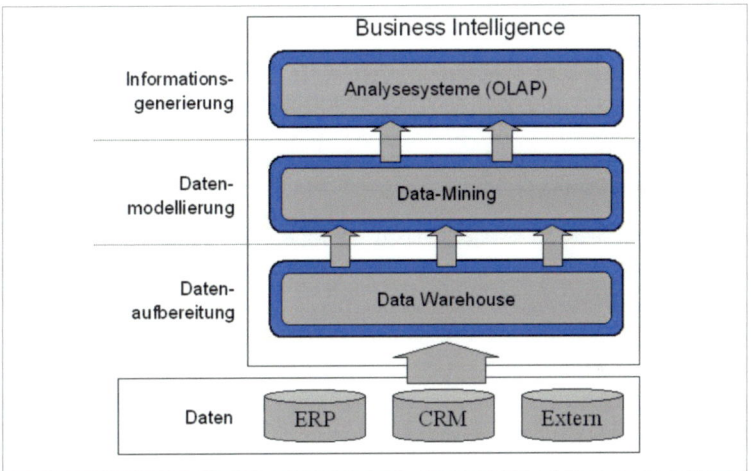

Abbildung 2: Das Business-Intelligence Framework in Anlehnung an Zimmermann (2008)

Die Überführung der operativen Daten in das Data Warehouse erfolgt über den ETL-Prozess. Der Begriff wird aus den englischen Begriffen Extraction, Transformation und Loading zusammengesetzt.[16]

---

[15] Vgl. Seufert (2006), S. 74.
[16] Vgl. Kemper (2006): S. 22.

2.4. Methoden

Wichtig ist die Integration aller Prozessschritte der oben verwendeten Grafik, um Insellösungen zu vermeiden. Des weiteren sollte Business Intelligence in die Unternehmensstrategie eingebunden sein, um optimale Ergebnisse zu erzielen.

2.4.1. Data Warehousing

Das Data Warehouse stellt die Grundlage für jedes Business Intelligence System dar. Hier werden alle relevanten Geschäftsdaten in einer zentralen Datenbank langfristig gespeichert.[17] Die Bereitstellung dieser einheitlichen Datenbasis dient dazu aufkommende Auswertungen bestmöglich gerecht zu werden.[18] Die im Data Warehouse enthaltenen Daten können so individuell nach dem jeweiligen Informationsbedarf abgerufen werden.

Oftmals werden Data Warehouses mit großen Datenlager verglichen.[19] Tatsächlich können die Datenbanken mehrere Terrybyte an Daten enthalten.

2.4.2. Data Mining

Die nächste Stufe im Business Intelligence-Prozess ist die Generierung, Speicherung und Verteilung der aufbereiteten Informationen. Dieser Vorgang erfolgt zunächst über die Analyse der Daten im Data Warehouse mit bestimmten Verfahren – dem Data Mining.[20]

Durch verschiedene, vorwiegend statistische und teils mathematische Verfahren sollen unerwartete Zusammenhänge zwischen den Rohdaten aufgedeckt werden. Das Vorgehen im Data Mining-Prozess lässt sich in 7 Schritte einteilen:[21]

I.   Zielanalyse

II.   Datenauswahl

III. Datenaufbereitung

IV.   Auswahl der Analysetools

---

[17] Vgl. Schmiedeberg (2004).
[18] Vgl. Seufert (2006), S. 22f.
[19] Vgl. Zimmermann (2008).
[20] Vgl. Zimmermann (2008).
[21] Vgl. Schmiedeberg (2004).

V.   Anwendung der Data Mining-Methoden

VI.   Interpretation und Evaluation der Ergebnisse

VII.   Ergebnisimplementation

2.4.3. OLAP

Der Begriff OLAP steht für Online Analytical Processing und ist ein Instrument zur Datenanalyse und Berichterstellung.[22] Dadurch erhalten die Entscheidungsträger einen schnellen und vielfältigen Zugriff auf die relevanten Informationen.[23] Tiefgreifendes Datenbankwissen oder das Beherrschen von Programmiersprachen ist dazu nicht notwendig. Der Anwender stellt seine Anfrage an das System, das dann seine Anfrage entweder positiv oder negativ bestätigt.

2.5. Leistungsmerkmale

Die Leistungsmerkmale von BI-Systemen ergeben sich aus den integrierten Methoden an sich. An dieser Stelle sollen daraus abgeleitet die allgemeinen und möglichst produktunabhängigen Leistungsmerkmale aufgezeigt werden:[24]

- *Reporting und Analyse:* Flexible Szenarien für Reporting und Analyse erlauben benutzergerechte Auswertungen in unterschiedlichen Detaillierungsstufen und Präsentationsformen

- *Analytische Anwendungen:* Überwachen und optimieren von der Geschäftsprozesse durch vordefinierte Geschäftsszenarien und Kennzahlen

- *Planung und Simulation:* Planungswerte und die Auswirkungen von Entscheidungen können auf die finanziellen und operativen Bereiche simuliert werden

- *Balanced Scorecard:* Mit der Balanced Scorecard können zukünftige Herausforderungen und Chancen visualisiert werden

- *Informationsverbreitung:* Die aufbereiteten Informationen können einzelnen Nutzern oder Nutzergruppen übermittelt werden

---

[22] Vgl. Schmiedeberg (2004).
[23] Vgl. Seufert (2006), S. 60ff.
[24] Vgl. O.V. (2008b).

3. Zusammenfassung und Fazit

Die aufkommenden Geschäftsdaten dienen dem Unternehmen in erster Linie der Steuerung des Tagesgeschäfts. Die Daten können jedoch gleichzeitig als Basis für strategische Planungen genutzt werden. Dazu sind eine vorherige Analyse und Aufbereitung der Daten unausweichlich. Anschließend können die transformierten Daten den Entscheidungsträgern für Analysen zur Verfügung gestellt werden.[25]

Ausschlaggebend für den Erfolg von Business Intelligence Systemen in einem Unternehmen ist die eigene Datenqualität, Abfragegeschwindigkeit und der Bedienkomfort der Anwendung.[26]

---

[25] Vgl. Zimmermann (2008).
[26] Vgl. O.V. (2007).

Literaturverzeichnis

Das Literaturverzeichnis ist alphabetisch sortiert und innerhalb der alphabetischen Ordnung chronologisch angelegt. Für den Kurzbeleg in den Fußnoten besteht hier keine Gruppierung nach bestimmten Quellentypen.

Gluchowski 2001

Gluchowski P. (2001): Business Intelligence – Konzepte, Technologien und Einsatzbereiche, In: Hildebrand K. (Hrsg.): HMD – Praxis der Wirtschaftsinformatik: Business Intelligence, S. 5-15

Kemper 2006

Kemper H-G., Mehanna W., Unger C. (2006): Business Intelligence – Grundlagen und praktische Anwendungen: Eine Einführung in die IT-basierte Managementunterstützung, 2. Ergänzte Auflage, Wiesbaden 2006

O.V. 2007

O.V. (2007): BARC-Studie: Mittelstand setzt auf Business Intelligence, URL: http://www.cognos.com/de/news/2007/0508.html, Abruf am 31.03.2008

O.V. 2008a

O.V. (2008): Business Intelligence, URL: http://www.micosoft.com/germany/business/peopleready/appplat/capability_bu sintel.mspx?pf=true, Abruf am 26.03.2008

O.V. 2008b

O.V. (2008): Business Intelligence, URL: http://www.itelligence.de/ch/136.php, Abruf am 26.03.2008

Schmiedeberg 2004

Schmiedeberg C. (2004): Business Intelligence, Seminararbeit, Universität Ulm, 2004

Seufert 2006

Seufert A., Lehmann P. (2006): Business Inteligence – Musterfallstudie: Wissensmanagement und Business Intelligence – Gestaltung und Einsatz in einem konkreten Fall, 2006

Twardoch 2002

Twardoch A. (2002): SAP Business Intelligence, Seminararbeit, Europa-Universität Viadrina Frankfurt (Oder), 2002

Wolf 2004

Wolf I., Wolf R., Weiss M. (2004): Verborgene Informationen helfen – intelligent nutzbar gemacht – bei geschäftskritischen Entscheidungen, URL: http://www.computerwelt.at/detailArticle.asp?a=85990&dn=22, Abruf am 29.03.2008

Zimmermann 2008

Zimmermann M. (2008): Business Intelligence (Teil 1): Erster Einstieg, URL: http://www.techchannel.de/index.cfm?webcode=1738998, Abruf am 25.03.2008